OUVRAGES

PUBLIÉS

PAR M. THÉM. LESTIBOUDOIS.

M. Thém. Lestiboudois, né en 1797,

Docteur en médecine en 1819 ;

Professeur de botanique et de zoologie à Lille depuis 1819 (1) ;

Docteur ès sciences ;

Chargé du cours d'anatomie et de physiologie végétale de la faculté des sciences de Paris en 1848 ;

Membre correspondant de l'Institut (Académie des sciences, section de botanique) ;

Membre et président de la société des sciences de Lille ;

Membre correspondant de la Société nationale d'agriculture et d'un grand nombre de sociétés savantes ;

Médecin praticien à Lille depuis 1819 ;

Médecin consultant de l'hôpital Saint-Sauveur à Lille en 1822 ;

Médecin des pauvres de Lille en 1826 ;

(1) M. Lestiboudois a succédé à son père et à son grand-père, qui ont professé la botanique à Lille depuis 1760.

Médecin en chef de l'Asile des aliénées de Lille en 1829 ;

Membre et président du conseil de salubrité du département du Nord ;

Membre de l'intendance sanitaire du Nord ;

Membre correspondant de l'Académie de médecine ;

Membre du jury médical du Nord depuis 1833.

Adjoint à la mairie de Lille en 1830 ;

Député de 1839 à 1848 ;

Membre de l'assemblée législative en 1849 ;

Membre du conseil général du Nord ;

Maître des requêtes au conseil d'État ;

A publié les ouvrages suivants :

Essai sur les Cypéracées, thèse soutenue à la faculté de médecine de Paris, pour obtenir le grade de docteur ; 1819.

Dans cet ouvrage, l'auteur s'est appliqué à montrer que les parties de formes variables auxquelles on donnait différents noms étaient en réalité un seul et même organe, et constituaient le *calice* dont on supposait les Cypéracées dépourvues. Ainsi, dès son premiers travail, il s'attachait à la méthode de comparaison générale qui sert de base à la classification naturelle. Cette manière d'envisager les organes des Cypéracées mérita l'approbation de l'immortel auteur des familles naturelles, examinateur de la thèse.

L'auteur s'attache ensuite à caractériser exactement les genres mal définis des Cypéracées, et divise ceux qui, en raison de leur structure, comportaient une séparation utile. La plupart des genres nouveaux établis par M. Lestiboudois ont été adoptés par les botanistes.

M. Lestiboudois a rédigé la liste des espèces qui rentrent dans les différents genres. Cette nomenclature est restée manuscrite.

Notice sur la plus interne des enveloppes des Graminées
(Mémoires de la Société des sciences de Lille) ; 1822.

Ce travail a pour but de prouver que les écailles placées sur l'un des côtés de l'ovaire de la plupart des Graminées, et qu'on nomme *lodicules*, forment parfois une enveloppe régulière qui, par la position relative, l'insertion, le nombre des parties qui la composent, représente un véritable calice dont la symétrie est ternaire comme dans les autres monocotylédonés. Les principes qui ont servi à dénommer les organes des cypéracées sont ainsi appliqués à caractériser ceux des Graminées.

Mémoire sur la structure des Monocotylédonés ; in-8°, 1823.

Ce travail fut publié quand on enseignait dans les écoles la théorie qu'on attribuait à M. Desfontaines, à savoir que les Monocotylédonés ont un système cortical et un système ligneux comme les Dicotylédonés ; mais que dans ces derniers les fibres nouvelles sont formées à la périphérie du système ligneux, tandis que dans les premiers elles sont formées au centre : ce qui a fait donner aux Monocotylédonés le nom d'*endogènes*, et aux Dicotylédonés le nom d'*exogènes*, par De Candolle. M. Lestiboudois établit que dans les Monocotylédonés on ne trouve pas deux systèmes distincts, une écorce et un système ligneux séparables ; que les faisceaux vasculaires des deux systèmes sont confondus ; qu'il y a ainsi unité de système. Ce fait a depuis été mis hors de doute par les grands travaux de M. Hugo-Mohl.

M. Lestiboudois a de plus avancé que le système unique des Monocotylédonés s'accroît comme l'écorce. A la vérité, on a reconnu que les fibres nouvelles ne se forment pas sur la face interne des anciennes fibres ; mais elles se forment comme dans l'écorce, en dedans de la zone médullaire externe ; elles sont créées, en réalité, comme dans l'écorce des arbres à structure anormale, dans laquelle les couches corticales, à certaines époques, restent unies aux fibres ligneuses, et dans laquelle des faisceaux fibro-vasculaires nouveaux se forment dans le tissu médullaire du système médullaire cortical lui même, de sorte que des zones d'écorce sont enfermées dans le bois.

Mémoire sur le réceptacle et sur l'insertion.

Ce travail a pour objet de prouver :

1° Que l'insertion *relative* des étamines, dont on s'est servi pour grouper les familles naturelles, doit en dernière analyse être caractérisée par l'insertion absolue ; que le seul moyen de faire cesser ce que l'insertion relative a de vague et d'incertain, c'est de préciser le point matériel d'origine des organes ;

2° Que les étamines présentent seulement deux modes d'insertion bien caractérisés : l'hypogynie et la périgynie ; l'épigynie n'est qu'une modification de la périgynie ;

3° Que l'hypogynie et la périgynie présentent de très nombreuses modifications, qui, si elles ne peuvent servir à former des classes générales, servent puissamment à distinguer individuellement les familles.

Mémoire sur l'insertion des étamines des Crucifères.

Ce mémoire a pour objet de décrire l'insertion toute spéciale des plantes de cette famille, et de tirer, des particularités qu'elles présentent, le moyen de ramener leurs fleurs au type régulier dont elles s'écartent puissamment.

Mémoire sur les fruits des Papavéracées et les fruits siliqueux.

L'auteur prouve que le fruit capsulaire de certaines Papavéracées, celui du pavot par exemple, est organisé comme les fruits siliqueux, c'est-à-dire qu'il a les trophospermes intervalvaires. Il établit ainsi la similitude des fruits de tous les genres d'une famille naturelle, et l'analogie des Papaveracées avec les Crucifères.

Botanographie élémentaire; 1 volume in-8°, 1826.

Ce livre est un exposé des principes généraux de la botanique, dans lequel les termes techniques sont définis avec rigueur, et dans lequel sont exposées les théories sur l'anatomie et la physiologie des végétaux. Il traite d'une manière spéciale quelques points difficiles de l'organographie, tels que la structure des monocotylédonés, l'insertion des étamines. C'est le premier ouvrage élémentaire dans lequel les caractères de toutes les familles naturelles ont été présentés. Depuis, tous les professeurs ont jugé indispensable de les exposer dans les traités de botanique.

Botanographie belgique, ou flore du nord de la France et de la Belgique; 2 volumes in-8°.

Dans cet ouvrage, l'auteur s'est proposé :

1° De combiner avec la méthode naturelle la méthode analytique de l'ancienne botanographie belgique, que MM. Duméril et De Candolle ont déclarée la plus facile de celles qui avaient été publiées;

2° De décrire les plantes découvertes depuis la publication de la première édition. Les cryptogames étaient excessivement nombreuses. Parmi les phanérogames, il y en avait de fort importantes, découvertes par l'auteur, par exemple le *malaxis paludosa*, le *lobelia Dortmanna*, le *cnicus tartaricus*, etc., etc.;

3. De décrire avec le plus d'exactitude possible toutes les espèces qui ont été examinées à l'état frais, surtout les phanérogames. On peut penser qu'il y a peu d'ouvrages où ces dernières soient décrites avec plus de soin.

Les observations minutieuses dont les plantes ont été l'objet n'ont pas eu seulement pour but d'établir les différences spécifiques, mais encore de circonscrire plus nettement les genres, et même de constater avec plus d'exactitude les affinités naturelles. Ainsi on a montré la parfaite analogie du fruit des composées avec le fruit triloculaire de certaines valérianées, etc.

Botanique des dames; 3 volumes in-12.

Ouvrage destiné à rendre plus facile l'étude des végétaux.

Mémoire sur le Canna Indica.

Mémoire sur l'Hedychium angustifolium.

Mémoire sur l'Hedychium coronarium.

Mémoire sur le Globba nutans et le Globba erecta.

Mémoire sur les Musacées.

Mémoire sur les Scitaminées.

Mémoire sur les Cannées.

Mémoire sur les Orchidées.

Cette série de mémoires a pour objet de prouver que les appendices pétaliformes qui rendent si singulières les fleurs des Cannées et des Scitaminées, et dont la nature était ignorée des botanistes, ne sont autre chose que des étamines avortées;

qu'en débarassant le système calical de ces parties qui ne lui appartiennent pas, qu'en les restituant au système staminaire formé d'une seule étamine fertile, on rend à ces plantes un système calical et un système staminaire réguliers, dont la symétrie est ternaire comme celle des enveloppes florales et du fruit des autres monocotylédonés. Ainsi est établie la parfaite connaissance des organes des Cannées et des Scitaminées, et cette connaissance permet à l'auteur de circonscrire rigoureusement les genres de ces familles si mal définis jusque-là.

Ensuite il établit la complète analogie des Cannées et des Scitaminées avec les Musacées, et aussi avec les Orchidées, qu'il ramène au type régulier, et il montre les différences de ces divers groupes.

M. Lyndley (*Introduction of botany*), a adopté complétement les vues de l'auteur sur la structure des Cannées, des Scitaminées, etc., etc.

Mémoire sur le Samolus et les Lysimachia.
(*Mémoires de la Société des sciences de Lille*); 1836.

Ce mémoire prouve que les étamines ne sont oppositives dans les Lysimachiées que parce que les fleurs sont naturellement diplostémones, et que les étamines alternatives avortent et disparaissent complétement dans le plus grand nombre des cas; qu'elles persistent dans le *Samolus Europæus;* qu'elles occupent leur place normale dans un *Samolus* de la Nouvelle-Hollande; qu'elles font rigoureusement partie du cercle staminaire dans certaines Lysimachia (*Botan. belgique*, 1826) dans lesquelles elles n'avaient pas même été aperçues.

Mémoire sur les Asclépiadées.

Ce mémoire établit que les fleurs des Asclépiadées à pollen pulvérulent non attaché au stigmate, et dont chaque masse est sans connexion avec la masse correspondante de l'étamine voisine, se lient par des nuances insensibles aux fleurs dont le pollen est solide, adhérent au stigmate et aux masses voisines par des rétinacles ; que les rétinacles qui unissent deux masses polliniques dépendantes d'étamines distinctes, sont formées de deux parties seulement accolées. Ces faits prouvent que toutes ces fleurs sont constituées d'après un seul type normal.

Études sur l'anatomie et la physiologie des végétaux.

Dans ce travail, l'auteur s'est proposé de soumettre à un nouvel examen les faits essentiels de l'organisation végétale, dont plusieurs étaient contestés et avaient besoin d'une nouvelle démonstration, et dont d'autres étaient incomplétement connus. D'après des observations multipliées, il pose les faits suivants comme devant servir de base à la théorie du développement des végétaux.

Le tissu utriculaire et le tissu vasculaire ont la plus parfaite analogie et se nuancent entre eux ; les vaisseaux articulés constituent le tissu intermédiaire.

Les deux tissus présentent deux modifications essentielles : tantôt ils sont constitués par une membrane simple, mince, transparente ; tantôt leur membrane est doublée par un tissu formant des lames spirales distinctes ou présentant un plus ou moins grand nombre de soudures, de manière à laisser entre elles des ouvertures plus ou moins nombreuses et de formes diverses.

La membrane des utricules, en outre, peut se recouvrir de dépôts qui vont jusqu'à en combler la cavité : elles constituent alors les fibres ligneuses, qui doivent à ces dépôts leur couleur, leur densité, leurs propriétés diverses.

Les vaisseaux à paroi mince, simple, transparente, sont les vaisseaux propres ; les vaisseaux dont la paroi est doublée par des lames susceptibles d'être retirées, spiralées, simples ou multiples, rapprochées ou écartées, distinctes ou soudées, et dont les points de soudure sont plus ou moins réguliers, distants ou rapprochés de manière à former des fentes, des pores, sont les vaisseaux *trachéens*, distingués en trachées, vaisseaux fendus, scalariformes, poreux et mixtes.

Tous ces vaisseaux sont évidemment des modifications les uns des autres.

Les vaisseaux trachéens se forment généralement dans un ordre régulier :

Les premiers sont les trachées à lames libres, simples, écartées; viennent après, les trachées à lames multiples plus ou moins serrées ;

Puis les trachées à lames ne présentant que des soudures rares et distantes;

Les vaisseaux à lames régulièrement soudées de manière à laisser entre elles des fentes;

Puis ceux à pores réguliers ;

A pores multipliés et confus.

Les couches de bois se distinguent parce que les vaisseaux de la partie qui commence une couche diffèrent de ceux de la fin de la couche qui précède.

Les espèces de vaisseaux qu'on trouve dans la tige se retrouvent dans la racine. Les trachées simples y sont seulement plus rares.

Dans les Dicotylédonés, les vaisseaux naissent dans des faisceaux parenchymateux, longitudinaux, arrondis, distincts, en nombre déterminé.

Ces faisceaux présentent dans leur épaisseur une partie plus transparente, plus molle, plus récente, dans laquelle se constituent les parties nouvelles. Cet interstice d'accroissement sépare les faisceaux en deux parties : une extérieure ou corticale, une intérieure ou ligneuse.

L'interstice transparent des faisceaux vasculaires correspond à un interstice semblable qu'on observe dans les intervalles médullaires qui séparent les faisceaux et qui constituent les rayons médullaires primitifs, de sorte que la tige présente une zone transparente complète entre le système cortical et le système central, systèmes qui sont réellement continus, mais facilement séparables en certaines saisons, parce que la zone d'accroissement est sans solidité et pour ainsi dire semi-fluide.

Dans certaines tiges annuelles, les faisceaux vasculaires ont un accroissement borné, et restent arrondis et distincts ; la zone transparente devient plus ferme, de sorte qu'on ne peut plus séparer l'écorce du bois.

Dans d'autres, et dans les tiges perennelles, les faisceaux s'accroissent d'une manière continue et s'élargissent de plus en plus : de nouvelles parties corticales s'ajoutent toujours à la surface interne de l'écorce, et de nouvelles fibres ligneuses à la surface externe du bois. L'accroissement a lieu ainsi d'une manière continue entre le bois et l'écorce.

Les groupes de vaisseaux qui composent les faisceaux se multiplient, laissant entre eux des intervalles médullaires réguliers, de sorte que les rayons médullaires augmentent en nombre, les rayons secondaires n'arrivent pas au centre, ceux qui les suivent s'arrêtent de plus en plus loin du centre. Dans certaines tiges, la division s'opère si régulièrement qu'on reconnaît toujours le nombre des faisceaux primitifs.

Les groupes vasculaires sont non-seulement séparés par des intervalles cellulaires de ceux qui sont placés à côté d'eux, mais aussi des groupes vis-à-vis desquels ils sont placés. Ces intervalles médullaires correspondent parfois aux intervalles des faisceaux voisins, de sorte qu'il y a dans les tiges des circonférences médullaires comme il y a des rayons médullaires.

Les rayons médullaires primitifs prennent habituellement la même consistance que les rayons secondaires, de sorte que tous les faisceaux sont véritablement unis et forment des couches continues. Quelquefois le tissu des rayons primitifs est lâche, peu consistant, différent du tissu utriculaire qui se forme dans les faisceaux vasculaires entre les groupes de vaisseaux ; dans ce cas les faisceaux vasculaires primitifs semblent toujours séparés.

Les faisceaux vasculaires des Dicotylédonés s'épanouissent supérieurement en feuilles; inférieurement ils constituent les racines et les fibrilles radicales, qui n'en sont que l'épanouissement.

Dans les *Monocotylédonés*, les faisceaux vasculaires ont un accroissement limité et ils restent arrondis comme dans certaines tiges annuelles; ils ont un interstice d'accroissement qui se solidifie ou qui se détruit et laisse un vide par la dessiccation. L'analogie avec les tiges annuelles est parfaite : cette analogie comble l'immense intervalle qui existait entre les Dicotylédonés et les Monocotylédonés.

De nouveaux faisceaux séparés se forment successivement dans les Monocotylédonés perennels. Ces faisceaux tirent leur origine de fibrilles déliées, s'unissant aux anciennes fibres à des hauteurs diverses, et constituent ainsi un lacis quelquefois inextricable.

La plus grande masse des fibres nouvelles se forme entre la partie centrale et la zone corticale, croisant les fibres qui se portent en dehors pour s'épanouir en feuilles.

Ainsi les Monocotylédonés se distinguent essentiellement parce que l'accroissement qui se fait entre la partie corticale et la partie ligneuse de chaque fibre est limité, au lieu d'être continu comme dans les Dicotylédonés. Ce fait unique rend raison de toutes les différences qu'on aperçoit dans la structure des Monocotylédonés, savoir : inséparabilité de l'écorce, absence des rayons médullaires, du canal médullaire et des couches concentriques du bois, cylindricité des stipes, naissance par étage des fibres nouvelles, entrecroisement et anastomoses des fibres, coloration et densité des zones extérieures, destruction du pivot des racines, formation des racines adventives, etc.

Dans le même ouvrage, M. Lestiboudois se livre à un ordre de recherches qu'on n'avait pas faites avant lui. Il examine comment les faisceaux vasculaires des tiges forment les feuilles : il trouve dans le mode d'évolution la différence des feuilles vraies et des bractées foliiformes ; il montre que du nombre et de l'arrangement des faisceaux vasculaires dépend la disposition des feuilles sur les tiges. Il fait voir que la disposition normale des feuilles des Dicotylédonés est celle des feuilles opposées ou verticillées, parce que le nombre des faisceaux foliaires est symétrique ;

Que les fibres des feuilles de chaque verticille alternent avec celles des verticilles qui sont au-dessus et au-dessous, et que leurs faisceaux médians se trouvent dans l'intervalle des feuilles de ces verticilles, ce qui fait que les feuilles sont décussées ;

Que les fibres des feuilles cotylédonaires sont formées de faisceaux vasculaires géminés ;

Que cette disposition est perpétuée dans les feuilles caulinaires, chaque faisceau qui s'épanouit étant remplacé par les émanations de deux faisceaux interposés entre ceux qui se rendent aux feuilles.

Le nombre des faisceaux qui constituent le cercle vasculaire de la tige est ainsi quadruple de celui qui est nécessaire pour former un verticille : un quart sert à former le plus prochain verticille, un quart le verticille qui est au-dessus, la moitié est formée des faisceaux qui sont destinés à réparer ceux qui s'épanouissent ; ils sont interposés entre ces derniers.

Le nombre des faisceaux est du reste différent, en raison du nombre de fibres nécessaire pour former les feuilles dans les différentes plantes.

L'avortement d'un des faisceaux qui constituent le cercle symétrique des faisceaux vasculaires, ou sa soudure avec l'un des faisceaux voisins, suffit pour transformer la disposition des feuilles opposées et déterminer l'alternation.

La même cause détermine la spiralation des feuilles alternes. Ces circonstances font voir comment on peut passer successivement, dans une même plante, de l'ordre alterne à l'ordre opposé.

Enfin l'arrangement des sépales et des pétales suit les mêmes lois que l'arrangement des feuilles ; on obtient ainsi une preuve directe que les organes floraux sont les analogues des feuilles et sont constitués par les mêmes éléments.

Phyllotaxie anatomique ; in-4°, 1848.

Cet ouvrage est le complément des idées de M. Lestiboudois sur le mode de formation des feuilles et sur les causes de leurs arrangements symétriques.

Analysant les grandes lois de la phyllotaxie, l'auteur montre qu'elles dérivent toutes des circonstances de la structure de la tige, et que les arrangements nombreux qu'affectent les feuilles ne sont que des modifications d'un même ordre normal, et qu'ils sont déterminées par des circonstances anatomiques.

Revenant sur les analogies des feuilles et des appendices foliacés qui constituent les enveloppes florales, il confirme la similitude de ces expansions diverses.

Mémoire sur les fruits; manuscrit.

M. Lestiboudois est sur le point de terminer un travail sur les fruits, dans lequel il prouve que les carpelles sont, comme les autres parties de la fleur, les analogues des feuilles; qu'ils sont formés par les mêmes faisceaux fibro-vasculaires s'épanouissant de la même manière; que les fruits si divers des végétaux ne se distinguent que par la consistance qu'acquièrent les carpelles, et surtout par la manière dont ils se soudent entre eux ou se séparent les uns des autres; que cette manière de considérer les fruits permet de les distinguer et de les décrire d'une manière facile et sûre; que les anciennes classifications des fruits n'ont rien de naturel et de rigoureux, et conduisent à méconnaître la véritable structure de plusieurs espèces de péricarpes.

M. le docteur Lestiboudois, pendant le temps qu'il pratiquait la médecine, a écrit les ouvrages suivants :

Rapport du conseil de salubrité du département du Nord.

Rapport sur les améliorations dont est susceptible la maison de femmes aliénées de Lille.

Rapport sur les constructions nouvelles de l'hôpital Saint-Sauveur.

Rapport sur les mesures à prendre à Lille contre le choléra en 1832.

Rapport général sur l'épidémie de choléra qui a régné à Lille en 1832.

Recherches sur les moyens d'assainir les canaux de la ville de Lille.

M. Lestiboudois a écrit sur divers sujets d'économie publique.

On citera :

Son *Economie pratique des nations*, 1 vol. in-8° ;

Son travail sur *les colonies sucrières et la sucrerie indigène ;*

Son opinion sur *l'importation des bestiaux*, *l'impôt du sel*, les *tabacs* et la valeur de leurs produits ;

Divers mémoires sur des questions agricoles, insérés dans le *Recueil des travaux de la Société royale des sciences*, *de l'agriculture et des arts*, de Lille, et dans les *Annales des sciences naturelles*.

Dans les assemblées législatives, il a prononcé des discours sur *l'impôt du sucre, les toiles, les lins, les graines oléagineuses, les canaux*, les diverses lois des *douanes*, etc.

Il publie en ce moment la relation d'un voyage en Algérie.

Paris. — Imprimerie d'E. DUVERGER, rue de Verneuil, n° 6.

9 782014 048131